Yasmin Mai-Schoger

Harzschnipsel

Gedichte und Geschichten rund um den Harz

*...nur der Wind, der Wind und ich –
der Wind durch Gras und Wiese strich.
Der Mond schien hell, hell schien der Mond,
der Aufstieg hatte sich gelohnt!*

Yasmin Mai-Schoger

Yasmin Mai-Schoger

Harzschnipsel

Gedichte und Geschichten rund um den Harz

Bibliografische Information der Deutschen Nationalbibliothek:
Die Deutsche Nationalbibliothek verzeichnet diese Publikation in
der Deutschen Nationalbibliografie; detaillierte bibliografische
Daten sind im Internet über http://dnb.dnb.de abrufbar.

© **2020 Mai-Schoger, Yasmin**
Herstellung und Verlag: BoD – Books on Demand, Norderstedt
ISBN: 978-3-7504-8003-2

1. Auflage 2020

Harzschnipsel

Bilder: Yasmin Mai-Schoger / Helga Mai

Coverbild: Helga Mai

INHALTSVERZEICHNIS

Harzwetter

Es grummelt, es plätschert,
es pfeift und es knallt,
das teuflische Wetter im Oberharz schallt.
Starkes Klopfen die ganze Nacht,
der Sturm hat alles durcheinander gebracht.
Wolkenbehangen der ganze Wald,
noch ist's dunkel und eisekalt.

Dann hellt es auf, im Tal schon klar,
gleich ist es, wie es vorher war.
Rein und feucht die Waldesluft,
frisch und unverbraucht der Duft!
Verzaubert bin ich durch die Pracht,
es hebt der Nebel sich ganz sacht,
der Wald steht still in dieser Zeit,
er macht sich für den Tag bereit.
Nur noch am Fluss die Wolken steh'n,
kannst weiter als vorher noch seh'n.
Die Sonne steigt nun auch hinauf,
der neue Tag nimmt seinen Lauf.

Vergessen ist, was morgens war,
das Harzer Wetter annehmbar!
Ein Schauspiel war es allemal,
von drin' zu sehen, optimal –
und wenn's erwischt dich dann beim Laufen,
kannst Du in jeder Hütte verschnaufen!

10

Der wilde Mann

Der Sage nach in Wildemann,
ein großer Riese irgendwann
mit Lendenschurz aus Laub und Moos,
auch seine Frau war ziemlich groß -
ein langer Bart zur Taille hin,
wüster Schein bis hin zum Kinn.
Eine Tanne in der Hand,
mit Wurzeln, frisch aus diesem Land.
Die Frau die flieht, der Mann kann's nicht –
man sah die Wut ihm im Gesicht.
Als man ihn dann gefangen nahm,
die Linde hier ins Spiel wohl kam.
Vor Wut die Linde rammt gen Boden,
man sieht sie heute noch hier oben.
Der Waldmensch aß und sprach auch nicht,
die Bergleut' wussten's einfach nicht,
was soll'n sie machen mit dem Wilden?
Herzog zu Braunschweig sollte sich bilden.
Doch auf dem Weg dorthin er starb,
für den Ort ein guter Tag!
Der wilde Mann macht's Auge zu,
Ader aus Erz fand man im Nu.
Die Erzgrub dann nach ihm benannt,
weil man's in seiner Höhle fand!

Der Zwergenkönig

In Lautenthal an einem Teich,
ein Bergmann lief, man hört es gleich,
in Richtung Schrei und auch Wehklagen,
so spricht man später in den Sagen.
Es kämpften Zwerge auf dem Feld,
es ging um Silber, auch um Geld.

Mit Kronen auf dem Zwergenkopf,
packt ein Zwerg den Zwergenschopf.
Der Bergmann schlägt den einen tot,
da seh'n die andren Zwerge rot.
Sie woll'n dem Bergmann an den Kragen,
der zweite König wird es wagen,
sein Heer am Ende übrig bleibt,
die Zwerge in den Wald er treibt.

Der kleine König trat hervor,
und flüstert dankend ihm ins Ohr.
Im Königshaus ihn wollt entlohnen,
er durfte ganz kurz bei ihnen „wohnen".
Am Tische er beim König saß
und von den besten Sachen aß.
Als Dank die Taschen voller Gold,
der Rubel nun für immer rollt.

Verraten hat er nie die Zwerge,
geheimer Ort am Rand der Berge.
Noch nach dem Tod vom „Mann vom Berg",
gab es Gold von einem Zwerg.
Selbst die Enkel davon wussten
und deshalb niemals hungern mussten.

Bergstädte im Harz

Sieben Städte gab's im Harz,
schürften Silber, Erz und Quarz.
Lautenthal und Wildemann,
hier der Bergmann musste ran-
fuhr hinunter 19-Lachter,
heut das Leben sehr viel sachter.

Gruben, Schächte und auch Loren,
nicht Jedermann dafür geboren.
Hört der Vogel auf zu singen,
gibt es leider kein entrinnen.
Immer tiefer auf dem Leder,
stets im Auge Tier mit Feder!

Zellerfeld und auch Bad Grund,
beim Iberg gab's nen großen Fund,
Tropfsteinhöhle - tief die Grotten,
einem hier die Luft kann stocken.

Grub Samson und Andreasberg,
Schlägel, Eisen stets am Werk.
Ne Hütte auch in Altenau,
groß war er hier der Bergabbau.
Auch in Kläßthal Schlegel und Eisen,
ließ der Bergmann stetig kreisen.

Nahm den Bergmann stets in Schutz,
Lebenslang im Dreck und Schmutz.
Ottilien-Schacht, Lautenthals-Glück,
bringt uns die Zeit ein Stück zurück.
„Glück Auf", „Glück Auf" in Goslar klingt,
vier mal am Tag von vorn beginnt -
der Kumpel fährt in den Schacht hinein,
„der Steiger kommt", das Lied muss sein.
Schlägel und Eisen stets dabei,
der Klang verklingt, nun ist's vorbei.

Hex' und Teufel

Kennst Du die Mär vom Wolf und Bär?
Vom „Klein Tirol" da kommt sie her-
am „Wolfsloch" sie sich rumgetrieben,
in jeder Sage es beschrieben.

Auch „Drachenhöhlen" gibt es hier,
im Oberharz so manch' Getier!
Am „Adlersberg" der Rabe wohnt,
im „Rabental" zu wandern lohnt.
Das „Zwergenloch" ist schon beschrieben,
am „Hölltal" bin ich nie geblieben.

Auf jedem Berg ein Wesen thront,
in jedem Tal ein Urtier wohnt.
Wer wohnt wohl auf der „Teufelswiese"?
Bestimmt mehr als ein netter Riese.
Auch „Hexenbank" lässt mich erzittern
und manch' Geschichte hier auch wittern.

Auch „Gallenberg" passt in das Schema,
„Totental" das gleiche Thema.
Es gruselt mich schon beim Beschreiben,
ich sollt' wohl bei der Sache bleiben.

Bis zum „Hungerloch" kannst laufen,
musst beim „Engelnthal" verschnaufen -
wenn Du all dies hast geseh'n-
alle Sagen kannst versteh'n.
Bär und Wolf Vergangenheit,
doch der Flair für immer bleibt.

Lauf einmal kurz zum „Prinzenteich",
wirst verstehen dann sogleich,
dass die Hex' im Harze war,
und der Schelm, der Teufel gar.
Sagenschön und märchenhaft,
nur der Harz hat das geschafft.

Der Harz

Denk ich an den Harz, denk ich an Schnee,
ob ich ihn jemals wiederseh'?
Ich kann ihn riechen, nass und kalt,
er fehlt mir schon, der grüne Wald.
Wenn ich so durch die Landschaft geh,
ich manchmal denk, es tut schon weh-
so satt das Grün, im Winter noch,
ach wär ich dort geblieben doch!

Im Traum hör ich die Gänse rufen,
der Winter scharrt schon mit den Hufen.
Es liegt dann Schnee - oft bis im Mai,
und plötzlich ist es dann vorbei.

Die Vögel singen wieder lauter,
der Wind summt wie ein ganz Vertrauter,
der Schnee schmilzt leis, es steigt den Fluss,
Talsperren er jetzt füllen muss.

Zuerst ein Glöckchen, zart im Schnee,
es ruft der Adler laut jetzt: Geh!
Am Adlersberg taut es dann auch,
am Sonnenglanz ein kleiner Hauch,
am Wurmberg bleibt er dann noch liegen,
doch wird der Frühling nun bald siegen!

Nur ganz weit oben, Brockennah,
da ist er noch, macht sich nicht rar...

es wütet, windet, peitscht und fällt –
auf den schönsten Fleck der Welt.

Unerwartet hat man Sicht,
so hat erwartet man es nicht –
So klar! So weit! So grün! So schön!
Du brauchst dich nicht daran gewöhn'.

Der Wind nimmt zu, es fehlt die Sicht,
man sieht den Wald vor Nebel nicht.

Es raucht die Bahn, es dampft und schnauft –
Glücklich, wer ein Ticket kauft,
zufrieden auch, wer läuft hinunter,
die Welt wirkt hier ein bisschen bunter!

Riesen Steine, wunderschön–
märchenhaft in diesen Höh'n!
Wurzeln, Äste und auch Fichten,
kann man hier am meisten sichten.

Unten Sommer, warme Luft,
der Brocken ist ein großer Schuft!
Jetzt wochenlang nur Waldesklang,
die Abende sind wieder lang!
Der Regen kommt, der Regen geht,
der Wind in Windeseile dreht!

Und der Brocken ruht und schweigt,
sich von seiner besten Seite zeigt.

Gesund die Luft, gesund das Wasser,
auch wenn es hier ein bisschen nasser.

Ein wunderschönes Fleckchen Erde-
im Wanderstock ,ne große Kerbe!
Steh ich dann an der Liebesbank,
der Wald wirkt wie ein Zaubertrank.

Den Dank im Harz gereist zu sein,
bin nicht mit dem Gefühl allein –
wer einmal schnuppert diese Luft,
wird nie vergessen diesen Duft.
Wird nie vergessen dieses Grün,
will immer rauf auf's „Ungetüm"!

Egal ob's schneit, auch wenn es kalt –
wirst nie vergessen diesen Wald!
Dann hörst im Traum die Gänse rufen,
scharrst selber dann mit deinen Hufen!
Es liegt ja Schnee, oft bis zum Mai,
kommst besser dann nochmal vorbei!

Die Nacht war kurz

Die Nacht war kurz,
kurz war die Nacht –
ich hab' die Nacht auf dem Brocken verbracht!
Seltsam still die Nacht dort war,
der Ausblick gut, der Himmel klar!
Nur der Wind, der Wind und ich –
der Wind durch Gras und Wiese strich.
Der Mond schien hell, hell schien der Mond,
der Aufstieg hatte sich gelohnt!
Ein Ort zum Verschnaufen, Erholen, Pausieren,
zum Innehalten und regenerieren!
Hier oben kann man relaxen, entspannen,
den Stress aus seinem Kopf verbannen.
Kraft schöpfen, für einen Moment,
für ein paar Stunden abgelenkt.
Ich sah den Harz in all seiner Pracht,
in dieser kurzen, kurzen Nacht.
Glücklich, entspannt stieg ich ins Tal,
beim allerersten Sonnenstrahl.
Es war eine wunderschöne Nacht-
Zum Glück hab ich sie auf dem Brocken
verbracht!

Erhabene Stille am Brockenpfad

Erhabene Stille am Brockenpfad,
der Nebel noch über den Tälern lag.
Die Sonne langsam, doch stetig steigt,
ein roter Schweif sich am Horizont zeigt.
Alles wartet auf diesen Moment,
gleich sie ihr schönstes Lächeln uns schenkt.
Rosa umhüllt die riesigen Steine,
auch der Stein von Heinrich Heine.
Sekunden später erscheint sie dann,
und zieht mich gleich in ihren Bann.
Mein Atem stockt, mein Herz bleibt steh'n,
noch nie hab' ich so was Schönes geseh'n!
Die Sonne erobert den Berg, das Land,
da steht er, der Brocken - im schönsten
Gewand!

Ganz weit oben auf dem Brocken

Ganz weit oben auf dem Brocken,
ist jetzt alles voller Schnee,
und der Atem würd' dir stocken,
würdest sehen, was ich seh'!

Märchenhaft die weißen Wege,
links und rechts ist alles weiß,
ich mich in den Schnee gleich lege,
mache einen Engelskreis.

Niemand außer mir hier oben,
einsam und verlassen bin,
weil hier oftmals Winde toben,
doch ich komm' hier gerne hin.

Hör die Bahn nun in der Ferne,
Rauch steigt aus dem Tal empor,
jeder riecht den Ruß hier gerne,
kommt gleich aus dem Wald hervor.

Mit der Bahn fahr ich hinunter,
durch den tiefen weißen Schnee,
ich bin glücklich, froh und munter,
wenn ich hier am Einstieg steh.

Schaue auf die Winter-Fichten,
die Zeit steht still, der Wind, er weht,
meterhoch die weißen Schichten,
der Winter hier sein Mantel webt.

Der Harz, der Brocken – im Winter so schön,
vor allem hier oben, ganz hoch in den Höhn.
Es ist der schönste Ort der Welt,
besonders wenn der Schnee dann fällt.

Wer hier oben einmal war,
war dem Himmel ganz ganz nah.
Nimm' den Zug und fahr nach oben,
schau wie zauberhaft es ist,
wirst die Aussicht sicher loben,
wenn du erst mal oben bist.

Märchenhafter Winterzauber
zog mich heute in den Bann,
komm' im nächsten Winter wieder,
komme her, so oft ich kann!
Niemals werde ich vergessen,
was ich grade hab gesehen,
fahr hinauf und schau nach unten,
denn nur dann wirst du verstehn.

Die Sonne sich im Nebel bricht

Die Sonne sich
im Nebel bricht,
ich stehe hier am Gipfelstein,
noch nimmt der Nebel mir die Sicht,
ich bin hier oben ganz allein.
Allein mit Sonne, Nebel, Wind,
der Ausblick mir den Atem nimmt.
Der Wind nimmt zu, der Nebel weicht,
ein Zauber hat den Brocken erreicht.
Zauberhaft und ohnegleichen,
wenn Dunst und Nebel der Sonne weichen.
Stetig steht der Gipfel da,
Tag für Tag und Jahr für Jahr.
Er trotzt dem Wetter, dem Wind, dem Regen,
von Nebel, Schnee und Sturm umgeben.
Diesmal an nur einem Tag,
es Hagel, Sturm und Sonne gab.
Doch wenn der Sturm, der Wind sich legt,
ist man begeistert, entzückt, bewegt.

Harzquerbahn

Mit Volldampf fuhr ich an diesen Orte!
Nostalgisch, romantisch, mir fehlen die Worte –
Quer durch den Harz, immer hinauf,
runter ich dann später lauf.
Vorbei an Gräsern, Stuken, Fichten –
Ein paar Buchen kann man sichten.
Ich glücklich auf das Ende schau,
auch wenn es rauchig, schwarz und grau.

Sie schleicht, sie krächzt, sie pfeift und spuckt,
märchenhaft, wohin man auch guckt.
Es dampft und rußt und riecht nach Rauch,
es qualmt und zischt aus ihrem Bauch.
Wie in einer anderen Welt,
meine Miene sich erhellt.

Mühsam fährt sie ihre Schleife,
man sieht den Dampf und hört die Pfeife -
über Brücken, Wege und Fluss,
sie nach oben rattern muss.
Endlich hat sie es geschafft -
Das Panorama - märchenhaft!

Über den Wolken, dem Himmel so nah,
das Schönste, was ich jemals sah!
Nun steh ich hier und schau ins Tal,
es kitzelt mich ein Sonnenstrahl –
wenn man erst mal oben ist,
die ganze Welt um sich vergisst!

Der Wind, er dreht, ein Sturm zieht auf,
das Elend nimmt jetzt seinen Lauf,
es pustet, es peitscht, der Regen fällt,
Kälte sich dazugesellt.
Grad will ich meckern, schimpfen, klagen,
Sonnenschein in den Hochlagen!
Extrem das Wetter auf dem Brocken,
meistens Nebel manchmal Flocken,
doch trotze ich dem Wind, dem Regen,
bin vom Zauber stets umgeben.

Riesige Steine bei Ahrensklint,
aus Granit sie scheinbar sind.
Ich spüre den Zauber um mich herum,
bin beeindruckt, ergriffen und stumm.
Setzte meine Reise fort,
entferne mich von dem mystischen Ort.

Wär ich ein König

Wär ich ein König, wohnt' ich dort oben,
würde täglich mein Königreich loben,
würde schreiten in Nebel und Schnee,
wäre zufrieden, egal wo ich steh!
Ich wäre frei von Stress und Qual,
es hält mich gesund der Blick ins Tal.
Die gute Luft, der raue Wind,
hier die Zeit ganz langsam rinnt!
Wär ich ein König, dort oben wollt leben-
Es wäre ein Märchen! Es wäre ein Segen!
Und wenn meine Zeit gekommen ist,
am Gipfel man die Fahne hisst.
Begrabt mein Herz vor dem obersten Stein,
für immer soll es mein Königreich sein.

Was wächst denn da?

Was wächst denn da,
wo sonst nichts wächst?
Ein Wattebausch? Vielleicht verhext?
So lustig ist es anzuseh'n,
im Wind die feinen Härchen weh'n -
so weich und flauschig und unendlich zart,
so weiß, wie der weißeste Rauschebart.
Es wiegt sich der Schopf im Wind hin und her,
ein krautiges Ährchen mit besonderem Flair.
Wie kleine Schäfchen auf der grünen Weide,
aus weicher Wolle, aus ganz feiner Seide.
Weiße Tupfen auf sonst karger Höhe,
sie trotzen dem Wind, dem Sturm - jeder Böe.
Bemerkte es Heine? Erblickte es Goethe?
Entdeckten sie es in der Morgenröte?
Gingen sie arglos am Schopfe vorbei?
Bei einem Spaziergang auf dem Brocken
im Mai?
Mir winkte es zu aus der weiten Ferne,
von diesem Moment ich heute noch schwärme.
Es tanzte und wehte im Sommerwind,
es stetig auf der Wiese schwingt.
Ein jeder bleibt hier gerne steh'n,
um den wackelnden Schopf
in der Wiese zu seh'n.

Als die Sonne unterging

Als die Sonne unterging,
es schrecklich an zu regnen fing,
Sekunden nur, doch alles nass,
hier auf das Wetter kein Verlass.
Der Regen kam, der Regen ging,
kein Wölckchen mehr am Himmel hing.
Dafür bunt der Regenbogen,
der erste den ich sah hier oben!
Es kehrt langsam Ruhe ein,
ich bin hier oben fast allein,
nur ein paar hier oben bleiben,
lassen sich vom Mondschein treiben...
Der Sternenhimmel zauberhaft, klar,
nie war ich den Sternen so nah!
Der Mond schien hell, hell schien der Mond,
der Aufstieg hatte sich gelohnt!

Und als der Mond

Und als der Mond dann unterging,
die Sonne schon am Gipfel hing.
Im Tal der Nebel mit seinen Schwaden,
zum Stelldichein war er geladen.
Der Harz mir nun zu Füßen liegt,
selten man so was Schönes sieht.
Es war eine wunderschöne Nacht-
Zum Glück hab ich sie auf dem Brocken
verbracht!

Die Bäume flüstern mir zu

Die Bäume, sie flüstern,
sie flüstern mir zu-
nur eisige Winde unterbrechen die Ruh'.
Ich höre es wispern, rascheln und rauschen,
es ist so schön dem Wald zu lauschen.
Ich höre des Eichelhähers Gesang,
vernehme des Wiesenpiepers Klang.
Ich lausche dem Wind,
dem Geplätscher im Wald,
ich folge dem Ton, der im Berge verhallt.

Es knistert und raschelt, es knackt und summt,
und ab und zu ein Brummer laut brummt.
Dann herrscht wieder Stille,
kein Mucks ist zu hören,
ich genieße die Ruhe,
nichts will mich hier stören.

Und plötzlich ein Rattern,
Rauschen und Krächzen,
ein Rappeln, Schnaufen, Knarzen und Ächzen.
Ich sehe den Dampf, mal weiß, mal schwarz –
auf schmaler Spur durchdringt er den Harz.
Für eine Sekunde wird die Stille gebrochen,

die Bahn kommt mit Dampf den Berg
hochgekrochen.
Es zischt, qualmt, dampft und raucht,
wie aus dem Nichts ist sie aufgetaucht.

Sekunden später zieht sie schon weiter,
zieht sich hoch an der Gleisenleiter.
Wieder ist es still und leise,
wie schon den Rest meiner ganzen Reise.
Nur mein Herz hör' ich laut schlagen,
als wolle es die Stille im Walde verjagen.

Ein Zauber, ein Märchen

Ein Zauber! Ein Märchen! So sah es aus,
alles gefroren, ich trat aus dem Haus.
So schön der Harz, wenn es frostig und kalt,
alles normal, der Winter kommt bald!
Die Beeren mit weißem Puder benetzt,
die Wälder ins rechte Bild gesetzt.
Väterchen Frost war fleißig heut' Nacht,
er hat uns den kalten Wind gebracht.
Doch steigt der Nebel in den Himmel hinauf,
geht die Sonne langsam auf.

Harzkind

Das Harzkind gerne draußen wandelt,
am liebsten wenn der Regen handelt,
es tropft, es platscht, es lascht, es gießt,
irgendwann ein Fluss dann fließt.
Fließt vom Berg ins flache Tal,
Wasser steigt, oft wird's zur Qual.
Das Wasser über's Ufer tritt,
Talsperre macht dann nicht mehr mit.

Doch hoch oben regnet's nur,
Regen, Wind und Wetter pur!
Ins kühle Nass streck ich's Gesicht,
stören tut mich das ja nicht!

Genieß den Tropfen auf der Haut,
ich mag es, wenn's die Haut aufraut.
Ich spür's, ich merk's, ich fühl's, nehm's wahr –
im Kopf wird alles wieder klar!

Harzer Kind, im Grün, im Regen –
Seh´ die Wolken sich bewegen.
Steh als Kind, spür nun die Zeit,
Tropfen voller Vergangenheit!

Schließ die Augen, Regen rinnt –
fühl mich wie das „Harzer-Kind"!
Harzer Regen rinnt hinunter,
macht mich stark und wieder munter!

Reise in der alten Zeit,
bin für's Träumen nun bereit –
alles zieht an mir vorbei,
fühl mich fröhlich, fühl mich frei!
Regen geht, es rinnt nichts mehr,
kommt das „Jetzt und Hier" daher!

Das Gefühl auf meiner Haut:
Heimat! - mir man niemals klaut!
Spür's wenn's regnet, stürmt und schneit,
bringt ins Herz mir Heiterkeit!
Denk dann jedes Mal zurück,
an den Harz, mein großes Glück!

Harzruhe

Knöchern wächst im Harz der Ast,
hier vergisst man all die Hast,
kommt zur Ruhe von dem Stress,
stetig rollt er, der Prozess!

Versuchs mal mit Gemütlichkeit –
Geh zum Wandern hier im Wald.
Lass Dich treiben, nimm Dir Zeit –
Genieße die Gelassenheit!

Pilze, Farne und auch Beeren,
niemand kann sich dem verwehren,
lauf den Berg rauf, atme ein,
besser kann es niemals sein.

Schöne Aussicht, überall –
In Lautenthal ein Wasserfall.
beim „Glück Auf" – die Steine liegen,
Mauersegler tief hier fliegen.

Die „Drei Birken" imposant,
kannst hier schauen „raus auf's Land".
Bis zur Köhlerhütte gehen,
manchen Stuken hier dann sehen.

Auch zum „Fuchsbau" bin ich gelaufen,
hab gefunden große Haufen,
Haufen voll von den A... meisen,
oben schon die Finken kreisen.

Harzer Kräuter

Am scharfen Eck der Bärlauch stand,
man selig war, wenn man ihn fand;
das Glöckchen lässt Du steh'n im Mai,
sonst ist das Leben schnell vorbei!
Waldmeister dort am Bache steht,
wenn man zum „GlückAuf" weitergeht.
Auch Kresse hab ich da geseh'n,
dort oben wo die Adler krähn.
Es lodert hier ein helles Licht,
das Moos, das wächst, der Pilz noch nicht.
Die Hex' gepflückt hier Gundermann,
ein Kranz gab es dann irgendwann,
getragen an Walpurgisnacht,
das Kraute an der Hexe wacht.
Am Hütschental dann vieles wächst,
was dann die Frau zu Kraut verhext.
Der Giersch wird als Spinat gegart,
vor Husten, Zahnschmerz gut bewahrt.
Der ganze Harz ein Kräutergarten,
musst zum Finden nicht lang' warten!
Doch ess' die Kräuter mit bedacht,
weißt nie, was Hex' damit gemacht,
Kannst auch Liköre daraus machen,
die Geister über Dich dann wachen!
Der Harzgeist dann stets in dir wohnt,
vor Bösem er Dich gleich verschont!
Und soll es was für's Wohlsein sein:
So schenk' dir Harzer Kräuter ein.

Herbstwind

In der Krone, ganz hoch oben,
fühlt man ihn, man muss ihn Loben,
nur ganz leicht, wiegt es im Blau,
merk es nur, wenn ich auch schau!
Leichter Hauch umspielt mein Haar,
nach der „Hitze" freut's uns ja!
Täglich wird's ein bisschen mehr,
wiegt die Früchte hin und her.
Aus dem Lüftchen wird `ne Prise,
noch sehr seicht wiegt's Gras der Wiese.
Brise wird zu einer Böe-
wirbelt Blätter in die Höhe.
Alles noch nett anzuseh'n,
wenn die Blätter sich so dreh'n.
Erstmals dann vom Wind man spricht,
wenn ein Ast im Lüftchen bricht.
Herbststurm löst den Wind dann ab,
alles fällt vom Baum herab.
Ast dann kahl, der Boden friert,
der Wind im Harz jetzt schnell rotiert.
Der Orkan fegt alles weg,
nichts steht mehr am gleichen Fleck.
Laut der Wind durchs Ohr dann pfeift,
Windeseile uns dann streift.
Plötzlich still, der Wind wird leis,
Flocke segelt, sanft in weiß.

Leise, leise , nur ein Hauch,
liegt er auf dem dürren Strauch.
Hörst kein Zwitschern, hörst kein Wind,
langsam nun der Frost beginnt.

Meine Harzreise

Das Gedicht ich las von Heinrich Heine,
doch daran ist das gemeine –
der Harz nicht schön wird hier beschrieben,
wo ist das Herzblut hier geblieben?

Auf die Berge wollt er steigen,
wo die freien Lüfte weh'n,
wo die dunklen Tannen neigen,
überall nur Grün zu seh'n.

Durch die Tannen wollt' er schweifen,
mancher Hirsch hier brüllt und springt.
Spricht von Harzer Vögeln auch,
jeder Harzer-Roller singt!

Nicht erwähnt bleibt hier der Brocken,
felsig, grün und Urzeit-schön,
ragt er raus aus allen Tannen,
windig ist's in diesen Höh'n.

Goslar ist als Stadt erwähnt,
Schützenhof schon damals toll,
doch wo bleibt der Rest des Harzes?
Nicht erwähnt, was das wohl soll?

Immerhin, die Harzer Zither
findet man im Vers ganz still,
aber lauter rauscht die Tanne,
er uns hiermit sagen will.

Bäche, Flüsse – Okerthal,
hatte Heine nie die Wahl
hier einmal entlang zu gehen,
all die Märchen zu versteh'n?

Roch er nie die Luft dort oben?
rein und klar daran gesogen?
Diese gute, grüne Luft –
zwischen Berg und Tal und Kluft.

Kurz auch nur der Text von Hexen,
gab's Walpurga da noch nicht?
Hexentanzplatz faszinierend.
Wunderbare, weite Sicht!

War er wirklich dort im Harze?
War er wirklich dort am See?
Hat er nicht gehört die Wildsau?
Hat er nicht geseh'n das Reh?

Kann man durch den Harz auch reisen
ohne Blumen hier zu seh'n?
Les' ich nicht von schönen Bergen,
les' ich nicht von all den Seen.

Nicht gelaufen hoch die Steigung?
Wege gab's doch damals auch –
Kam bestimmt aus mancher Köthe
großer Schwall aus schwarzem Rauch.

Hab' gelesen all die Stophen,
vermisst hab ich den Harzer hier,
nichts vom großen Philosophen,
große Leidenschaft fehlt mir!

Denn wer einmal hat gerochen
Harzer Bergluft, glaubt es mir,
kann sich nicht entzieh'n der Schönheit,
weder Mann, noch Frau, noch Tier!

Wurmberg, Bruchberg –Klima rauh,
doch bestätigt jede Frau,
Radau, Ilse, Grane, Sieber,
nichts sieht sie im Leben lieber.

Nur der Auerhahn noch besser,
als die ganzen Harzgewässer.
Reh, Forelle, Hirsch und Fuchs,
manchmal hier sogar der Luchs.

Fichte, Buche bis zur Grenze.
Wo die Hexen ihre Tänze,
plötzlich Kahlschlag, nichts mehr grün –
trotz des Regens, trotz der Müh'n.

19-Lachter zu befahren,
in Wildemann, bei schlechten Tagen.
Mit Schmalspurdampf den Berg hinunter,
die frische Luft macht alle munter.

Wandern, Ski fahr'n und auch rodeln –
Schwimmen, reiten, sogar jodeln,
kann man hier an jedem Ort –
brauchst nicht fahren soweit fort!

Musst nicht stundenlang weit reisen,
„Klein Tirol" ist wunderschön,
hier grast noch das Harzer-Rotvieh –
ganz weit oben in den Höh'n.

Borkenkäfer wildromantisch-
Wald gefressen dort einmal,
doch erholt hat sich die Fichte,
ist schon lange nicht mehr kahl.

Imposantes Licht im Wipfel,
Sonne scheint durch trocknen Ast,
besinnlich wirkt der große Gipfel,
ohne Leid und ohne Hast.

Wenn im Dunklen Flammen brennen,
Osterfeuer weit und breit,
fröhlich Kinder wild hinrennen,
Mailer sieht man noch ganz weit.

Im Gesicht - ganz schwarz vom Ruß,
ist ein ganz besond'rer Gruß-
bringt Glück zu Ostern seit je her –
eins der Sagen, eine Mär.

Elend, Schierke und Braunlage,
ich erinnere mich vage –
malerische Urlaubsorte –
von der ganz besond'ren Sorte.

Schön auch „Venedig unter Tage",
in Lautenthal, so sagt's die Sage -
ein Wasserrad sich dreht seit Jahren,
in die Grube kann man fahren.
Ein Mann gebaut, vom Bischofsthal.
Der Tischler war's, klingt ganz banal –
in mühevoller Kleinstarbeit,
das schönste Rad doch weit und breit.

Seesen, Hahnenklee, Wolfshagen,
jeder muss es einmal wagen,
klettern kannst im Okerthal,
auch im Kanu, deine Wahl.

Fahr in den Harz, sieh es Dir an,
was bess'res man nicht machen kann.
Ein freundliches „Glück Auf" .
Ich nehm' den Regen gern in Kauf.

Der Harz ist eine Reise wert,
von Heinrich Heine kaum geehrt.

Dem Nebel wohnt ein Zauber inne

Dem Nebel
wohnt ein Zauber inne,
geh nicht an ihm vorbei,
er belebt dir deine Sinne,
beflügelt sie und macht dich frei.
Drum sorglos auf den Nebel schau',
ein Blick sich immer lohnt -
so märchenhaft im Morgentau,
im Harz er stetig wohnt!

Die Forelle

Am Grumbach die Forelle laicht,
am hinteren Teil, wo's Wasser seicht.
Die Innerste im Spiegelthal,
auch hier Forelle hat die Wahl.
Am alten „Harzer", an der Brücke,
frisst sie so gerne manche Mücke.
Mit der Hand konnt' man sie fangen,
mit Geduld, still bei den Wangen –
sprach man nur ein leises Wort,
Forelle war sogleich dann fort.
Im Harz gesprenkelt und auch „bunt",
liegt sie ganz ruhig am Flusses Grund.
Bachforelle – gern im Harz,
meist rotbraun und auch noch schwarz.
Im Prinzenteich sie schon geschwommen,
durch Buntenbock ist sie gekommen,
durch Lautenthal und Wildemann,
sie dann ja bestens schwimmen kann.
Nur erschwert durch einen Damm,
sie nach Langelsheim nicht kann.
Schafft sie's doch bis in die Grane,
geht's zur Leine, hin ins Warme.
Und im nächsten Jahr, mit Glück,
kommt sie in den Harz zurück!
Die Harzer Forelle, ein Urgestein,
schon immer war sie im Harz daheim.
Gutes Wasser, wo sie schwimmt,
das weiß im Harz ein jedes Kind.

Ostern im Harz

Hecke schleppen, wochenlang,
jeder hilft, wenn er denn kann.
Erst die Küche wird erstellt,
für oben drauf der Baum gefällt,
wird geschichtet und gesteckt,
bis er in die Höhe reckt.
Hoch der Mailer jedes Jahr,
jedes Mal der größte war.

Auf dem Galgenberg ganz oben,
Junggesellen sich austoben.
Fackeln werden dann geschwungen.-
Osterfest erst dann gelungen,
wenn man schwarz, so war der Brauch,
bringt Dir Glück, der Ruß vom Rauch.

Meterhoch der Meiler dann,
meilenweit man sehen kann.
Sieh das Feuer ,wie es lockt,
vor Freude Dir der Atem stockt!

Meistens hat es Schnee gegeben,
so ist es im Harze eben.
Es funkelt, es knistert, es riecht nach Rauch –
So ist unser Osterbrauch!

Bis zur späten Nacht ein Funkeln,
wunderschön ist's hier im Dunkeln.
Feuer dreht sich, wird geschwungen –
Osterfest ist dann gelungen.
Böse Geister sind dann fort,
fliegen an ein and'ren Ort!
Noch Tage später riecht's nach Rauch –
So ist er, der Osterbrauch!

Kulinarische Harzreise

Am Bohlweg hier das „Rathaus" steht,
nicht weit weg vom „Zickzack-Weg" –
gegenüber thront der „Wilde Mann",
vom Garten man ihn sehen kann!
Die „Innerste" ist gar nicht weit,
verbringe gern hier meine Zeit!
„Ganz großes Kino" auf der Karte,
auf den „Holzbock" gern ich warte!

Der „Gruß der Küche" sehenswert ist,
alles andre man vergisst!
Rosa Reh und grüner Speck –
sehr, sehr, lecker und schnell weg.
Frisch vom „Beuse", hier vom Ort –
„Regional" für Frische sorgt!
Aus Langelsheim der Fisch frisch kommt,
der Bärlauch sich im Harz gesonnt,

Das Rotwild ließ sich Gräser schmecken,
danach wirst dir die Finger lecken!
Räucherlamm und Ziegenkäse –
alles lecker, was ich lese!
Die Krönung des Ganzen: Das „Veilchen-Eis",
eins der Besten, wie ich weiß!

Magisch auch die andren Kugeln,
meine Glückshormone sprudeln:
Sauerampfer! Gojibeere! -
als ob im Paradies ich wäre!!!
Blaubeer-Cola, Grubenlicht,
darf vergessen man hier nicht!
Hausgemacht! Schmeckt man sofort!-
Man fühlt sich wohl an diesem Ort!

„Harzlich Willkommen" hier alle sind-
egal ob Mann, Frau, Hund und Kind!
Die „Friedens-Eiche" im Garten steht,
sich alles um den Gast hier dreht!
Freundlich, aufmerksam und nett – alles super
und komplett!

Im Harz, dem Paradies auf Erden-
zwischen Fichten, Flüssen, Bergen!
Stammgast wäre ich hier gern,
der Weg ist weit, das Haus ist fern-
Trotzdem komme ich gern wieder,
setze mich im „Rathaus" nieder!
 Zum Abschied freundlich ein „Glück Auf"-
Ich wieder „Veilchen-Eis" hier kauf!

Harzmelodie

Könnt' ich den Harz in Töne bringen,
würden alle Saiten schwingen,
würde schreiben täglich Lieder,
ruh'n die Finger niemals wieder.
„Schreibe" mit den Händen dann,
was mein Herz nur fühlen kann.

Die Natur der Komponist,
oben dort im Harze ist!
Bringt die Saiten dort zum Schwingen,
selbst der Wind, der kann dort singen.

Rauschen ist ein Ton in Moll,
Zwitschern macht den Dreiklang voll.
Auftakt dann das Käuzchen macht,
auch der Buntspecht leise lacht.
In C-Dur singt die Nachtigall,
im Harz, im Wald, am Wasserfall.
Vollendet wird das Stück vom Regen,
so schön es klingt, ein wahrer Segen.

Saß im Pavillon ganz oben,
muss die Glocken einmal loben,
welche Glocke ich hier mein?
Hängt am Halse, gar nicht klein,

hörst es bis ins Tal weit klingen,
wenn sie ihre Hintern schwingen.
Alles sehr beruhigend klingt,
in mein kleines Ohr eindringt.
Kleines Mäuslein, piepst im Rasen,
dumpfes Muh'n, wenn Kühe grasen.

Könnt' ich das in Töne fassen,
würd' die Finger niemals lassen,
hören soll's die ganze Welt,
jeder Klang mein Herz erhellt.

Leg Dich hin und hör gut zu,
find im Harze Deine Ruh' –
Ruh' vom Lärm, Ruh' vom Gestank –
Viel davon, macht Dich nur krank!

Das Lied vom Harz, von Wald und Tier –
Natur singt selbst am schönsten hier!
Fang' sie ein, bring' sie zum Schwingen,
alle Deine Lieder klingen.
Verlässt man den Harz, wird's wieder laut,
davor mir stets am meisten graut!
Nutz die Zeit und lieg am Fluss –
Doch irgendwann ich gehen muss.

Ich schau noch schnell zur „Stundenbuche",
bevor ich dann das Weite suche,
Ich schließ die Augen in Lautenthal,
vielleicht ich hör die „Laute" mal.

Steh am Grumbach, Frösche rufen,
weiter zu den nächsten Stufen –
hör am Teich die Fische fliegen,
ob sie wohl die Mücken kriegen?
Nur durch Glockenklang gestört,
sonst man hier Natur nur hört!

Donnergroll vom Berge her,
nur Gepolter, Wolke leer.
Wie ein großer Paukenschlag,
klingt es hier an manchem Tag.
Wind weht, Donner fort,
regnen tut's am nächsten Ort.

Regen schnell zum Sturzbach schwillt,
Rauschen an das Ohr dann quillt.
Versuch zu spielen diesen Ton,
klappt nicht mal mit dem Grammophon.

Fledermaus fliegt dann im Dunkeln,
wenn die Sterne fast schon funkeln.
Hören kannst auch wilde Schweine,
sehen kannste meistens keine.

Ruft die Schneegans von ganz oben,
wird der Schnee bald wieder toben.
Fällt der Stern, kannst es hier hören,
Ton, wie von den Himmelschören!

Der Ton vom Harz klingt überall,
nicht nur am Weg am Hüttschental.
Bleib steh'n, hör hin und lass es zu!
Genieß' die Stille, genieß' die Ruh'!

Wär Smetana im Harz gelaufen,
die „Moldau" gäb's heut nicht zu kaufen,
„Gewitterstück" hätt' er geschrieben,
die Wolken vor sich her getrieben.
Wenn still wird dann das Streichquartett,
gemeint er dann die Fische hätt'.
Am Ende geht die Sonne unter,
die Welt im Harz ist einfach bunter.

Bunter, farbenfroh und leise,
auf eine märchenhafte Weise.

Für einen Tag noch einmal dort

Für einen Tag noch einmal dort,
ich dreh die Zeit zurück.
Ich wünscht' mich dort an diesen Ort,
dort wo ich fand mein Glück!

Auch wenn es ziemlich lange her,
das was war, vergess' ich nie -
ich vermiss die Zeiten sehr,
in Gedanken dorthin flieh'.

Ich weiß, die Zeit ist längst vorbei
doch denk ich oft daran zurück,
es bricht mein Herz manchmal entzwei,
weil es so fern, mein wahres Glück!

Ich dachte, wenn die Zeit vergeht,
werd' an sie nicht mehr denken
und weil die Welt sich weiterdreht,
werd' ich mich ja ablenken.

Doch ganz egal wie alt ich bin,
wie sehr ich mich bemühe,
sie geht mir niemals aus dem Sinn,
nicht nachts, nicht in der Frühe.

Und immer wenn ich gerade denk',
ich habe sie vergessen,
egal wohin den Kopf ich lenk'
hab Sehnsucht währenddessen.

Ganz schwer wird mir mein kleines Herz,
vor Glück und auch vor Trauer,
ach, wenn ich einmal dort noch wär',
es wär ein Freudenschauer!

In meinem Herzen trag' ich sie,
werd' immer sie dort tragen
und vergessen werd' ich nie,
das würd ich niemals wagen.

Erst wenn ich meine Augen schließ',
selbst dann die letzte Träne
für meine Heimat ich vergieß -
sie niemals mehr erwähne!

Keller

Versuch mit meinen Augen zu seh'n,
denk, Du könntest mich versteh'n!
Meine Augen seh'n die Fichten,
wenn sie langsam sich verdichten,
lauf von „Spinne" Richtung „Keller",
mein Herz pocht plötzlich dreimal schneller.
Links und rechts am Wegesrand
ich so manches Farnkraut fand.

Könntest hör'n den Pandelbach,
jedes Mal werd' ich hier schwach,
am Hasenberg gehst dann zurück,
bis zur Spinne welch' ein Glück.
Bin stets verzückt, bin in der Mitte,
geh den Fastweg ein paar Schritte,
drehe um, verlass den Pfad,
märchenhafter Weg jetzt naht.

Lauf durch's Gras, lass Dich nur treiben,
an dem starken Ast auch reiben,
atme durch, hol ganz tief Luft,
wunderbar der Harzer Duft.
Ein Steinpilz, dort – am Wegesrand,
der Harz in seinem schönsten Gewand!

Lauf, geh hin zum Schweinebraten,
lauf durch den großen Harzer Garten -
Hexen hier bestimmt gewohnt,
jeder Schritt sich zu gehen lohnt!
Hörst du die Stimmen? Hörst den Schrei?
Hier fühl ich mich wirklich frei!

Könnst' mit meinen Beinen laufen,
kurz am Albertturm verschnaufen –
dann geh hin zum Schwarzewald,
lauf zurück, es dunkelt bald.
Schauspiel folgt, du siehst noch Sonne,
der Untergang, ne wahre Wonne.
All die Farbpracht auf dem Berge,
ich niemals vergessen werde.

Ich steh hier oben, bin ganz ich –
denk an all die Sorgen nich!
Dank dem Harz für das Gefühl,
stürz mich wieder ins Gewühl,
hab die Kraft von hier genommen,
all mein Seh'n hat mich besonnen.

Harzer Schnee

Ich steh am Fenster, alles brüllt,
der Himmel sich mit Schnee grad' füllt.
Kann's nicht erwarten, bis es schneit,
ich bin das Regenwetter leid –
ich riech den Schnee, bevor er fällt,
egal wo ich bin auf dieser Welt!

Wenn ich in den Himmel schau,
kann ich ihn sehen, ganz genau-
Wolken gelblich, schneebehangen,
wenn sie mit dem Schnee anfangen.
Große Flocken, erst ganz leicht,
bis dann der Himmel nicht mehr reicht.
Schnell wird dann der Rasen weiß,
es kommt noch mehr, wenn auch nur leis'.
Der Nachbar schimpft, der Andre streut,
außer mir sich niemand freut.
Nur die Kinder lieben Schnee,
wenn gefroren auch der See,
in mir steckt das „Harzblut" drin,
lieb den Schnee, bis hoch zum Kinn!

Mag die Kälte im Gesicht,
bin auf Hitze nicht erpicht.
Wenn's dann schneit, freu ich mich sehr,
hoffe immer noch auf mehr!

Nehm' den Schnee dann in die Hand,
träum von meinem „Heimatland"!
Im Harz der Schnee genauso riecht,
die Kälte in den Kragen kriecht.
Sturmartig er vom Himmel stürzt,
schlagartig er den Boden würzt!

Hast Du einmal Eis geleckt?
Musst wissen wie der Schnee dort schmeckt!
Die Zunge kann den Schnee auffangen,
der Rest der fällt Dir auf die Wangen.
Die Wimpern weiß, die Füße kalt,
ich liebe meinen Harzer Wald!

Im Harz der Zustand über Wochen,
die Schwaben hätten sich verkrochen!
Finger unterm Wasser kribbeln,
unten kalte Füße tribbeln.
Verwehungen am Straßenrand,
puderweiß am ganzen Hang.

Zapfen an den Häusern wachsen,
hör' den Schnee am Fuße knachsen.
Verankert ist der Harz in mir,
ich spür ihn, wenn der Schnee dann hier!

Geschichten aus der Bergstadt Wildemann

Yasmin Mai-Schoger

DER WILDE MANN

UND

Die Geschichte vom „kleenen Brummer"

Personen und Handlung der Geschichte sind natürlich frei erfunden. Etwaige Ähnlichkeiten mit tatsächlichen Begebenheiten oder lebenden oder verstorbenen Personen wären rein zufällig.

Einmal im Monat trafen sie sich, meist bei Kaffee, Harzer Flott-Kuchen oder, wenn jemand beim Bäcker Biel vorbei gefahren war, auch mal Lochkuchen. Dann wurde darüber sinniert, ob dieser nun mit oder ohne Puderzucker der echte Harzer Lochkuchen sei, oder dass man diesen ja eigentlich nur zu „Johannistag" essen dürfe, wie „der Dicke" stets betonte. Nebenbei schwelgten sie in Erinnerungen, so wie heute. Die „Mai-Lisa" war wie immer ein wenig still, aß ihr Veilchen-Eis, lauschte den Erzählungen der anderen und blickte ein bisschen abwesend auf die große, grüngraue Bronzefigur direkt gegenüber. Die Gruppe bestand aus sieben bis acht, schon ein wenig älteren Männern und Frauen, die sich bei guten Wetter in dem netten Café trafen. Immer am letzten Donnerschtach. Einige waren schon seit mehr als zwanzig Jahren dabei, so wie Lisa. Lisa hatte den „Verein" damals mit ihrem Mann und drei ihrer besten Freunde, „dem schönen Karrel", dem „Müller-Henrik" und „Mucki" ins Leben gerufen. Manchmal spielten sie Karten, doch oft erzählten sie sich einfach nur Geschichten, die sie im Laufe ihres langen Lebens erlebt hatten.

Gerade laschte es nicht und so saßen sie draußen im Garten des Cafés. Am meisten hatten der Müller-Henrik und „Es Maria" zu erzählen.

Die zwei waren immer unterwegs, sei es im Harz selber oder in der großen, weiten Welt. Sie reisten sehr viel und so gab es stets was zu berichten. Außerdem erzählten die zwei einfach gern.

Heute wollten sie sich über die Sagen und Geschichten rund um den Harz austauschen, das hatte „Schnurzi" bei ihrem letzten Treffen vorgeschlagen. Jeder sollte sich im Vorfeld Gedanken machen und dann darüber berichten. Nach einem freundlichen „Glück Auf" begann die fröhliche Runde. Maria, die Frau vom „Kluuch", die ursprünglich aus dem Nachbardorf stammte, erzählte eine Geschichte über einen Zwergenkönig, der in der Bergstadt Lautenthal vor vielen hundert Jahren gelebt haben soll. Der Sage nach hatte ein Bergmann mitbekommen, dass ein paar Zwerge sich bekämpften, es ging wohl um Silber und um Geld. Der Bergmann erschlug den einen Zwergenkönig - aus Dankbarkeit nahmen die Zwerge den Bergmann mit zu sich nach Hause und entlohnten ihn königlich dafür, dass er den anderen Zwergenkönig erschlagen hatte. Und weil der Bergmann niemals das Versteck der Zwerge preis gab, hatte er bis an sein Lebensende Gold und Silber in den Taschen. Maria beendete ihre Geschichte mit einer Einladung zum Zwergenloch, dort hatte sie schon als Kind gespielt und sie schwärmte von der märchenhaften Gegend, der ihrer Ansicht nach noch immer ein Zauber inne wohnte.

Eine kleine Weile ging es um Zwerge und um Gold und Silber, jeder wusste natürlich sofort was er mit dem vielen Reichtum anstellen würde, deshalb schweiften sie ein bisschen ab. Der Müller-Henrik schlug vor: „Als nächstes wandern wir dann zum Hübichenstein, dort gibt es neben wunderschönen Bergwiesen und der märchenhaften Tropfsteinhöhle auch eine Sage von einem „Zwergenkönig". Der Müller-Henrik berichtete von „Hübich", der dort auf dem hohen Fels nahe Bad Grund gehaust haben soll und den Menschen untersagte sein Reich zu betreten. Den Armen schenkte er silberne Tannenzapfen- diejenigen, die sein Reich ungebeten betraten, verpasste er jedoch einen bestialischen Denkzettel. „Wenn wir uns dahin auf den Weg machen, dann aber zu Walpurgis!", meinte „der Friedel", der eigentlich Dieter hieß. „Denn an Walpurgis kann man sich am Hübichenstein ein Theaterstück anschauen, wo es um Hexen, den Zwergenkönig, dem Teufel und sogar den silbernen Tannenzapfen geht." Alle waren einverstanden! Nur „es Lisa" äußerte sich nicht, sie schaute noch immer etwas abwesend auf die Bronzefigur auf der anderen Straßenseite. Doch bevor Maria fragen konnte, was mit ihr los sei, erzählte „der Ehrenberg-Schnackel", der natürlich aus Altenau kam, seine Lieblingsgeschichte. Bei seinen Geschichten ging es immer um Frauen, also ging es natürlich auch bei seiner Harz-Sage um eine Frau, genauer gesagt um eine Jungfrau, die von einem Ritter auf seine Burg zwischen Altenau, St. Andreasberg und Osterode verschleppt wurde. Und da die holde Jungfrau dem schrecklichen Ritter entkommen wollte, betete sie täglich gen Himmel sie möge ihre Freiheit wieder erlangen. Irgendwann wurden dann wohl ihre Gebete erhört und es zog ein schauderhaftes Gewitter mit gefährlichen Blitzen und großem Donnergroll auf und ließ den Ritter, samt seiner Burg, im Erdboden versinken. Somit war die Jungfrau befreit, zurück blieb lediglich ein acht Meter hoher Fels von viereckiger Statur, der „Hanskühnenburg" genannt wird. „Der Friedel" lachte und meinte spitz: „Der Ritter war bestimmt mit dir verwandt". Friedel wurde kurz mit einem bösen Blick gestraft, alle anderen schmunzelten. Nun war „der Bauerochs" dran, dessen Name Helmut war - aber da er aus Wolfshagen kam, hieß er halt für alle nur „der Bauerochs", denn alle Wolfhäger hießen ja irgendwie Bauerochs.

Helmut begann mit einem Gedicht:

> Kennst Du die Mär vom Wolf und Bär?
> Vom „Klein Tirol", da kommt sie her,
> Am „Wolfsloch" er sich rumgetrieben,

in jeder Sage er beschrieben.
Auch „Drachenhöhlen" gibt es hier,
im Oberharz so manch' Getier!
Am „Adlersberg" der Rabe wohnt,
im „Rabental" zu wandern lohnt.

.....

Helmut trug gern Gedichte aus dem Harz vor - wenn er keine Gedichte aufsagte, stimmte er ein Liedchen an, am liebsten nach dem vierten oder fünften Grubenlicht. Er hatte eine wahre Vorliebe für richtig alte Lieder aus dem Harz, wie "Köhlerliesel", oder „Das Innerste-Lied", manchmal auch „Glück Auf, Glück Auf....". Oft stimmte „der Zackel" mit ein, doch noch war es nicht soweit, es war noch heller Tag und auch zum Jodeln war es noch zu früh. Erst musste die Kehle noch ein bisschen geschmiert werden und außerdem war sein Kumpel "Maggi" heut wu annerschter, vielleicht dar Hemm. „Ich kenn' auch eine Geschichte über ein Wesen im Harz", meinte die kleine vom Brummer, die Enkeltochter vom Karrel, die heute ausnahmsweise mal mitgekommen war, weil sie auf ein großes Eis spekulierte. Während sie ihr Eis löffelte, plauderte sie ohne Punkt und Komma von den „Harznoks", den kleinen possierlichen, handgroßen Wesen, die für das Gleichgewicht zwischen den Tieren der alten und der neuen Zeit verantwortlich waren und viel älter als alle Zwerge,

Hexen und Feen sein sollen. Seit Jahrhunderten schon lebten die *Harznoks* in den undurchdringlichen Wäldern des grünen Harzes an den Baumwurzeln der großen Fichten, schon viel länger als die Einhörner in der Einhornhöhle und sogar länger als der seltengewordene Rasselbock.

Kurz kam „es Schmidt-Rita" an den Tisch mit einer neuen Runde „Harzer Grubenlicht" für die Männer, für die Frauen brachte sie „Schierker Feuerstein". „Glück Auf", Rita setze sich neben Lisa und fragte was mit ihr los sei. „Was soll schon mit ihr los sein?", fragte Karrel, der Mann von Lisa. Lisa holte tief Luft und plötzlich brach sie ihr stundenlanges Schweigen. „Erinnert ihr Euch an die Geschichte von dem „Wilden Mann", der riesengroße, völlig zerzauste, vollkommen verwilderte Mann, überall behaart, den nackten Körper nur mit Tannenzweigen bedeckt? Der mit seiner ebenso spärlich bedeckten Frau im tiefsten Wald hauste?" Sie machte eine kurze Pause um dann weiter zu sprechen. „Der ist mir gestern entgegengekommen!" Lisa war ganz bleich im Gesicht. Der Bauerochs, der Wein-Schorli und der Schnackel prusteten los. „Hatte er ein totes Wildschwein über der Schulter und in der Hand eine riesige Tanne?", spottete Karrel. „Lass doch mal", unterbrach Rita und forderte Lisa auf weiter zu erzählen.

Lisa nickte rüber zu der Bronzefigur auf der anderen Straßenseite. „Ich schwör, der Wilde Mann lief gestern auf dem Gallenberg rum". Mit ängstlicher Stimme berichtete sie von dem großen Mann, der ihr halbnackt, ohne Hemmeld, nur mit ein paar Zweigen am Körper entgegenkam und als er Lisa erblickte, mit hoher Geschwindigkeit auf sie zu lief. Lisa hatte wohl ihrer Schwester in der Dämmerung entgegen gehen wollen - Chrischtel, die Christina heißt, trieb abends die Kühe von der Weide und Lisa wollte ihr ein wenig helfen. Auf halben Wege, dort wo immer das Osterfeuer aufgebaut wird, kam ihr besagter Mann entgegen. Lisas Herz schlug so schnell, dass sie Angst hatte sie würde gleich umfallen. Von weitem schrie der Mann, sie solle stehen bleiben. Weil sie sich so schrecklich erschrocken hatte, lief sie durch den Garten beim alten Nürnberg, den Wahch bei der Zwetschgenmaus-Else hinunter, wo sie schon von weitem das Muhen der Kühe und das Bellen der Hunde wahrgenommen hatte, um dann die Seesenerstraße runter zu laufen, wo sie schließlich auf die Kühe samt Hunde traf. Ihre Schwester war nicht zu sehen. Aber das war nichts Ungewöhnliches, ab und zu liefen die rot-braunen Harz-Kühe einfach allein durch den Ort, um dann in den Stall zu gehen, damit man sie endlich melken würde, die Kühe sind halt was ganz Besonderes. Ganz aufgeregt war Lisa. Noch immer.

Ihre Schwester hatte sie seit dem nicht mehr gesehen. „Wenn man vom Teufel spricht....", bemerkte der Schorsch-Willy, als Christina ums Eck geschossen kam. Es Chrischtel setzte sich und der Schnackel gab einen kurzen Bericht, nachdem Lisa ihre Schwester gefragt hatte, wo sie denn die ganze Zeit gewesen sei. Chrischtel prustete los und spuckte vor Lachen den halben Schnaps aus. „Das war ein ganz wilder Mann..... wisst ihr wer das war?", fragte Chrischtel in die große Runde. Fragend schauten sie Christina an. „Das war der Hundertjährige!", lachte sie. Der hatte mit seinem Bruder, dem „Schüttelkopp" gewettet, dass er Christina „rumkriegen" würde und ging am späten Nachmittag hoch zum Pavillon auf dem Gallenberg um dort Chrischtel schöne Augen zu machen. „Der Schüttelkopp" hatte sich aber bei einem Bier beim „Knutscher" versabbelt und der hatte es seiner Frau, der Schwester vom „Stöppel" erzählt. Die wiederum war mit Chrischtel befreundet und erzählte es ihr gleich am nächsten Morgen. Als „der Hundertjährige" nun also oben auf dem Gallenberg der Christina schöne Augen machte, bat die junge Frau den Jürgen, wie der „Hundertjährige" in Wirklichkeit hieß, er solle sich doch hinter dem Pavillon schon mal ausziehen, sie würde im Pavillon auf ihren Verehrer warten. Also zog Jürgen sich brav aus, legte seine Kleider ordentlich zusammen und ging siegesgewiss um den Pavillon herum, setzte sich kurz auf die hölzerne Bank und wartete ein paar Minuten, um dann in den Pavillon zu gehen, wo Christina auf ihn wartete. Nur leider hatte Christina nicht die Absicht sich mit ihm zu treffen und hatte die Kleider mit Hilfe von Ina, die jeder „Rumsi" nannte, entwendet. Die beiden Frauen schlichen sich eilig davon und überließen den armen Jürgen seinem Schicksal, wissend, dass um diese Zeit gern ein paar Touristen hier oben spazieren gingen um das Harzer Höhenvieh zu betrachten. Als der junge Mann bemerkte wie ihm geschah, lief er eilig die Wiese hinunter. Vorher hatte er ein paar Zweige von den Bäumen hinter dem Pavillon abgerissen und diese um sich gehängt. Mittlerweile war es schon ein wenig dunkel, aber er wollte trotzdem sicher gehen, dass man ihn so nicht sehen würde. Dass er auf Lisa traf, war reiner Zufall. Und Lisa hatte ihn vor lauter Schreck und in beginnender Dämmerung wohl nicht erkannt. Nun lachten alle! Sogar Lisa! Christina gab eine Runde „Benno" aus und ging dann, schließlich musste sie ja noch die Kühe von der Weide treiben. Die anderen blieben noch eine ganze Weile sitzen und schmiedeten Pläne für die bevorstehende Wandertour. Es war spät geworden, Lisa stand auf, schaute noch ein mal kurz zu der Bronzefigur und lachte laut. „Der Hundertjährige", sie nickte zum Wahrzeichen der Stadt und ging dann schmunzelnd Hemm.

Stille

Wer sie sucht
muss aufwärts geh'n
hoch hinauf wo nichts mehr blüht
Wer sie sucht, muss in sich geh'n
tief hinein bis ins Gemüt
Wer sie sucht, muss selbst still sein
denn die Stille Stille sucht
Wer sie sucht, sucht meistens mehr
nicht nur Ruhe, Stille, Schweigen
fühlt sich hilflos, matt und leer
Stille soll die Richtung zeigen
In der Stille Antwort liegt
das was war und das was wird
denn die Stille still beschreibt
das was kommt und das was bleibt
Wer sie kennt, meist schon erahnt
welchen Rat sie einem gibt
denn sie stets zum Hören mahnt
wenn man in den Abgrund blickt
Wer sie sucht, der findet sie
Fühlen, spüren, Richtung dreh'n
Wirklich weit ist sie ja nie
Stille gibt dir zu versteh'n

Buchempfehlung

Der Hausberg

Yasmin Mai-Schoger

Gedichte und Geschichten rund um die Achalm
inkl. dem Achalm-Märchen

„Der Hirte und die Schafstrauben"

ISBN: 9 783732289814
erschienen im BoD-Verlag

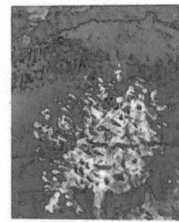

Yasmin Mai-Schoger

Die Achalm

Gedichte und Geschichten rund um die
Achalm

inkl. der Geschichte "Ulm und der Ausflug auf die Schwäbische Alb"

Die Achalm

Yasmin Mai-Schoger

Gedichte und Geschichten rund um die Achalm
inkl. der Achalm-Geschichte

„Ulm und der Ausflug auf die Schwäbische Alb"

ISBN: 978-3-7494-6851-5
erschienen im BoD-Verlag

Yasmin Mai-Schoger

Die Schwälbler

Geschichten von der Achalm und der
Schwäbischen Alb

inkl. der Gedichte "Die Nacht war kurz" und "Ganz weit oben"

Die Schwälbler

Yasmin Mai-Schoger

Geschichten von der Achalm und
der Schwäbischen Alb
inkl. den Geschichten aus dem Harz

„Ein Harznok auf Reisen"
„Ein Schwälbler bei den Harznoks"

ISBN: 978-3-750-41198-2
erschienen im BoD-Verlag

Weitere (Harz-) Geschichten von Yasmin Mai-Schoger

Gwendolyn lernt fliegen
Mitternachtsschmaus Hexen- und
Gespenstergeschichten
Anthologie
Wendepunktverlag

Pustelzwerg-Wildschwein-Wanka
Wünsch dich ins Wunderweihnachtsland Band 11
Anthologie
Papierfresserchen

Weihnachten bei den Harznoks
Wünsch dich ins Märchenland Band 10
Anthologie
Papierfresserchen

Nimsaya und der Regenbogen
Traumhelfer Geschichten
Anthologie
Net-Verlag

Der Veggitukka-Baum
Wünsch dich ins Märchenwunderland Band 2
Anthologie
Papierfresserchen

Die Harznoks